L'AVOCAT PATELIN

COMÉDIE

REPRÉSENTÉE, POUR LA PREMIÈRE FOIS, AU THÉATRE-FRANÇAIS.
LE 4 JUIN 1706

CHATILLON-SUR-SEINE. — IMPRIMERIE E. CORNILLAC

NOUVELLE ÉDITION

L'AVOCAT

PATELIN

COMÉDIE

COMPOSÉE EN TROIS ACTES, EN PROSE

PAR

BRUEYS

PARIS

TRESSE, ÉDITEUR

GALERIE DE CHARTRES, 10 ET 11

AU PALAIS-ROYAL

MDCCCLXXV

PERSONNAGES

M. PATELIN, avocat.

MADAME PATELIN, sa femme.

HENRIETTE, leur fille.

GUILLAUME, drapier.

VALÈRE, fils de Guillaume, et amant d'Henriette.

COLETTE, servante de Patelin, et fiancée à Agnelet.

AGNELET, berger de Guillaume, et amant de Colette.

BARTOLIN, juge du village.

UN PAYSAN.

DEUX RECORS.

La scène est dans un village près de Paris.

———————

L'AVOCAT PATELIN

ACTE PREMIER

SCÈNE PREMIÈRE

MONSIEUR PATELIN, seul.

Cela est résolu ; il faut, aujourd'hui même, quoique je n'aie pas le sou, que je me donne un habit neuf... Ma foi ! on a bien raison de le dire, il vaudrait autant être ladre que d'être pauvre. Qui diantre, à me voir ainsi habillé, me prendrait pour un avocat ? Ne dirait-on pas plutôt que je serais un magister de ce bourg ? Depuis quinze jours j'ai quitté le village où je demeurais pour venir m'établir en ce lieu-ci, croyant d'y faire mieux mes affaires... Elles vont de mal en pis. J'ai, de ce côté-là, pour voisin mon compère le juge du lieu. Pas un pauvre petit procès. De cet autre côté, un riche marchand drapier... Pas de quoi m'acheter un méchant habit... Ah! pauvre Patelin ! comment feras-tu pour contenter ta femme, qui veut absolument que tu maries ta fille ! Qui diantre voudra d'elle, en te voyant ainsi déguenillé ? Il te faut bien, par force, avoir recours à l'industrie... Oui, tâchons, adroitement, à nous procurer à crédit un bon habit de drap, dans la boutique de monsieur Guillaume notre voisin. Si je puis une fois me donner l'extérieur d'un homme riche, tel qui refuse ma fille... (Apercevant sa femme.) Mais voilà ma femme et sa servante qui causent

1

ensemble sur ma friperie : écoutons-les, sans nous mon-
trer.

Il se cache dans un coin du théatre.

SCÈNE II

MADAME PATELIN, COLETTE, MONSIEUR PATELIN, caché.

MADAME PATELIN, à Colette.

Oh! çà, Colette, je n'ai point voulu te parler au logis,
de peur que mon gueux de mari ne nous écoutât.

M. PATELIN, à part.

L'y voilà.

MADAME PATELIN, à Colette.

Je veux que tu me dises où ma fille peut avoir de quoi
aller si proprement qu'elle va ?

COLETTE.

Eh ! c'est, madame, que monsieur votre époux lui
donne...

MADAME PATELIN, l'interrompant.

Mon époux, il n'a pas de quoi se vêtir lui-même.

M. PATELIN, à part.

Il est vrai.

MADAME PATELIN, à Colette.

Je te chasserai, et tu ne te marieras point avec Agnelet, ton fiancé, si tu ne me dis la chose comme elle est.

COLETTE.

Peste ! madame, il faut vous la dire. Valère, le fils unique de monsieur Guillaume, ce riche marchand drapier,
qui demeure là, est amoureux de mademoiselle Henriette,
et il lui fait des présents, de temps en temps.

M. PATELIN, à part.

Ma fille puise donc dans la boutique où j'ai dessein
d'aller ?

MADAME PATELIN, à Colette.

Mais, où prend Valère de quoi faire ces présents ? son père est un riche brutal qui ne lui donne rien.

COLETTE.

Oh ! madame, quand les pères ne donnent rien aux enfants, les enfants les volent : cela est dans l'ordre ; et Valère fait comme les autres : c'est la règle.

MADAME PATELIN.

Mais, que ne fait-il demander ma fille en mariage ?

COLETTE.

Il l'aurait fait aussi ; mais il craint que son père n'y veuille pas consentir, à cause, ne vous déplaise, que notre monsieur va toujours mal vêtu : cela fait mal juger de ses affaires.

M. PATELIN, à part.

C'est à quoi je vais donner ordre.

MADAME PATELIN, à Colette.

J'entends quelqu'un ; retire-toi.

Colette rentre.

SCÈNE III

MONSIEUR PATELIN, sortant de sa cachette, MADAME PATELIN.

MADAME PATELIN.

Ah ! te voilà ?

M. PATELIN.

Oui.

MADAME PATELIN.

Comme te voilà vêtu !

M. PATELIN.

C'est que... je... je ne suis pas glorieux.

MADAME PATELIN.

C'est que tu es un gueux ; et je viens d'apprendre que

ta gueuserie rebute tous les partis qui se présentent pour notre fille.

M. PATELIN.

Vous avez raison ; le monde juge des gens par les habits. J'avoue que ceux que je porte font tort à Henriette, et j'ai fait dessein de me mettre aujourd'hui un peu proprement.

MADAME PATELIN.

Toi, proprement ! et avec quoi ?

M. PATELIN, voulant s'en aller.

Ne t'en mets pas en peine. Adieu.

MADAME PATELIN, l'arrêtant.

Et où allez-vous, s'il vous plaît ?

M. PATELIN.

Je vais m'acheter un habit de drap.

MADAME PATELIN.

Sans avoir un sou acheter un habit ?

M. PATELIN.

Oui. De quelle couleur me conseilles-tu de le prendre ? gris de fer, ou gris de more ?

MADAME PATELIN.

Eh ! prends-le comme tu pourras, si tu trouves quelqu'un assez sot pour te le donner... Je vais parler à Henriette : je viens d'apprendre de certaines choses qui ne me plaisent guères !

M. PATELIN.

Si l'on me demande, je serai ici, à la boutique de notre voisin.

Madame Patelin rentre.

SCÈNE IV

MONSIEUR PATELIN, seul.

Elle n'est pas encore fermée... Je songe que je ne ferai pas mal d'aller mettre ma robe : outre qu'elle ca-

chera ces guenilles, une robe donnera plus de poids à ce
que je dois dire à monsieur Guillaume pour venir à bout
de mon dessein... (L'apercevant.) Le voilà, avec son fils :
allons-nous mettre *in habitu*, et revenons promptement.

Il rentre.

SCÈNE V

MONSIEUR GUILLAUME, portant une pièce de drap brun,
VALÈRE.

M. GUILLAUME, à part, étalant sa pièce de drap en dehors de
sa boutique.

On commence à ne voir guères clair dans la boutique :
exposons ceci un peu plus à la vue des passants...
(A Valère.) Oh! çà, Valère, je t'avais dit de me chercher
un berger pour garder le troupeau dont la laine sert à
faire mes draps.

VALÈRE.

Est-ce, mon père, que vous n'êtes pas content d'Agnelet?

M. GUILLAUME.

Non, car il me vole; et je te soupçonne d'y avoir part.

VALÈRE.

Moi ?

M. GUILLAUME.

Oui, toi. J'ai su que tu es amoureux de je ne sais
quelle fille d'ici près, et que tu lui fais des présents; et
je sais que cet Agnelet a fiancé une certaine Colette qui
la sert. Tout cela fait que je te soupçonne.

VALÈRE, à part.

Qui dianire nous a découverts?... (A M. Guillaume.) Je
vous assure, mon père, qu'Agnelet nous sert très-fidèle-
ment.

M. GUILLAUME.

Oui, toi; mais non pas moi, car, depuis un mois qu'il
a quitté le fermier avec qui il demeurait pour entrer à
mon service, il me manque six-vingts moutons, et il

n'est pas possible qu'en si peu de temps il en soit mort,
comme il le dit, un si grand nombre de la clavelée.

VALÈRE.

Les maladies font quelquefois de grands ravages.

M. GUILLAUME.

Oui, avec des médecins; mais les moutons n'en ont
pas. D'ailleurs, cet Agnelet fait le nigaud; mais c'est un
niais, et le plus rusé coquin... Enfin, je l'ai pris sur le
fait, tuant de nuit un mouton. Je l'ai battu, et je l'ai fait
ajourner devant monsieur le juge. Cependant, avant que
de pousser plus loin l'affaire, j'ai voulu savoir si tu n'avais
point quelque part au vol qu'il m'a fait?

VALÈRE.

Ah! mon père, j'ai trop de respect pour vos moutons!

M. GUILLAUME.

Je vais donc le poursuivre en justice... Mais je veux
examiner un peu mieux la chose. Donne-moi mon livre
de compte. Approche cette chaise... (Valère lui donne un livre
et une chaise.) C'est assez; laisse-moi. Si un sergent, que
j'ai envoyé quérir, me demande, fais-moi appeler. Je
resterai encore un peu ici, en cas que quelque acheteur
se présente.

VALÈRE, à part.

Allons dire à Agnelet qu'il vienne trouver mon père,
pour s'accommoder avec lui.

Il s'en va.

SCÈNE VI

MONSIEUR PATELIN, MONSIEUR GUILLAUME.

M. PATELIN, à part.

Bon! le voilà seul: approchons.

M. GUILLAUME, à part, feuilletant son livre.

Compte du troupeau... etc... six cents bêtes... etc.

M. PATELIN, à part, lorgnant le drap.

Voilà une pièce de drap qui serait bien mon affaire...
(A M. Guillaume.) Serviteur, monsieur.

M. GUILLAUME, sans le regarder.

Est-ce le sergent que j'ai envoyé quérir ? qu'il attende.

M. PATELIN.

Mon, monsieur, je suis...

M. GUILLAUME, l'interrompant, en le regardant.

Une robe ?... Le procureur donc ?... Serviteur.

M. PATELIN.

Non, monsieur, j'ai l'honneur d'être avocat.

M. GUILLAUME.

Je n'ai pas besoin d'avocat : je suis votre serviteur.

M. PATELIN.

Mon nom, monsieur, ne vous est, sans doute, pas in-
connu ? Je suis Patelin, l'avocat.

M. GUILLAUME.

Je ne vous connais point, monsieur.

M. PATELIN.

Il faut se faire connaître... (A M. Guillaume.) J'ai trouvé,
monsieur, dans les mémoires de feu mon père, une dette
qui n'a pas été payée, et...

M. GUILLAUME, l'interrompant.

Ce ne sont pas mes affaires ; je ne dois rien.

M. PATELIN.

Non, monsieur : c'est, au contraire, feu mon père qui
devait au vôtre trois cents écus ; et, comme je suis homme
d'honneur, je viens vous payer.

M. GUILLAUME.

Me payer ? Attendez, monsieur, s'il vous plaît... je me
remets un peu votre nom. Oui, je connais depuis longtemps votre famille. Vous demeuriez au village ici près :
nous nous sommes connus autrefois. Je vous demande
excuse ; je suis votre très-humble et très-obéissant serviteur. (Lui offrant sa chaise.) Asseyez-vous là, je vous prie, asseyez-vous là.

M. PATELIN.

Monsieur !

M. GUILLAUME.

Monsieur !

M. PATELIN, s'asseyant.

Si tous ceux qui me doivent étaient aussi exacts que moi à payer leurs dettes, je serais beaucoup plus riche que je ne suis; mais je ne sais point retenir le bien d'autrui.

M. GUILLAUME.

C'est pourtant ce qu'aujourd'hui beaucoup de gens savent fort bien faire.

M. PATELIN.

Je tiens que la première qualité d'un honnête homme est de bien payer ·ses dettes; et je viens savoir quand vous serez en commodité de recevoir vos trois cents écus.

M. GUILLAUME.

Tout à l'heure.

M. PATELIN.

J'ai chez moi votre argent tout prêt, et bien compté ; mais il faut vous donner le temps de faire dresser une quittance par-devant notaire. Ce sont des charges d'une succession qui regarde ma fille Henriette, et j'en dois rendre un compte en forme.

M. GUILLAUME.

Cela est juste. Eh! bien, demain matin à cinq heures.

M. PATELIN.

A cinq heures, soit. J'ai peut-être mal pris mon temps, monsieur Guillaume ? je crains de vous détourner.

M. GUILLAUME.

Point du tout ; je ne suis que trop de loisir ! on ne vend rien.

M. PATELIN.

Vous faites pourtant plus d'affaires vous seul que tous les négociants de ce lieu.

M. GUILLAUME.

C'est que je travaille beaucoup.

M. PATELIN.

C'est que vous êtes, ma foi! le plus habile homme de tout ce pays... (Examinant la pièce de drap.) Voilà un assez beau drap.

M. GUILLAUME.

Fort beau !

M. PATELIN.

Vous faites votre commerce avec une intelligence !

M. GUILLAUME.

Oh ! monsieur !

M. PATELIN.

Avec une habileté merveilleuse !

M. GUILLAUME.

Oh ! oh ! monsieur !

M. PATELIN.

Des manières nobles et franches, qui gagnent le cœur
de tout le monde !

M. GUILLAUME.

Oh ! point, monsieur !

M. PATELIN.

Parbleu ! la couleur de ce drap fait plaisir à la vue.

M. GUILLAUME.

Je le crois. C'est couleur de marron.

M. PATELIN.

De marron ? Que cela est beau ! Gage, monsieur Guillaume, que vous avez imaginé cette couleur-là ?

M. GUILLAUME.

Oui, oui, avec mon teinturier.

M. PATELIN.

Je l'ai toujours dit, il y a plus d'esprit dans cette tête-
là, que dans toutes celles du village.

M. GUILLAUME.

Ah ! ah ! ah !

M. PATELIN, tâtant le drap.

Cette laine me paraît assez bien conditionnée.

M. GUILLAUME.

C'est pure laine d'Angleterre.

1.

M. PATELIN.

Je l'ai cru... A propos d'Angleterre, il me semble, monsieur Guillaume, que nous avons autrefois été à l'école ensemble?

M. GUILLAUME.

Chez monsieur Nicodème?

M. PATELIN.

Justement. Vous étiez beau comme l'amour !

M. GUILLAUME.

Je l'ai ouï dire à ma mère.

M. PATELIN.

Et vous appreniez tout ce qu'on voulait.

M. GUILLAUME.

A dix-huit ans, je savais lire et écrire !

M. PATELIN.

Quel dommage que vous ne vous soyez appliqué aux grandes choses ! Savez-vous bien, monsieur Guillaume, que vous auriez gouverné un État ?

M. GUILLAUME.

Comme un autre.

M. PATELIN.

Tenez, j'avais justement dans l'esprit une couleur de drap, comme celle-là. Il me souvient que ma femme veut que je me fasse un habit. Je songe que demain matin à cinq heures, en portant vos trois cents écus, je prendrai peut-être de ce drap.

M. GUILLAUME.

Je vous le garderai.

M. PATELIN, à part.

Le garderai !... Ce n'est pas là mon compte. (A M. Guillaume.) Pour racheter une rente, j'avais mis à part ce matin douze cents livres, où je ne voulais pas toucher ; mais je vois bien, monsieur Guillaume, que vous en aurez une partie.

M. GUILLAUME.

Ne laissez pas de racheter votre rente, vous aurez toujours de mon drap.

M. PATELIN.

Je le sais bien; mais je n'aime point à prendre à crédit...
Que je prends de plaisir à vous voir frais et gaillard !
Quel air de santé et de longue vie !

M. GUILLAUME.

Je me porte bien.

M. PATELIN.

Combien croyez-vous qu'il me faudra de ce drap, afin
qu'avec vos trois cents écus je porte aussi de quoi le payer ?

M. GUILLAUME.

Il vous en faudra... Vous voulez, sans doute, l'habit
complet ?

M. PATELIN.

Oui, très-complet, justaucorps, culotte et veste,
doublés de même ; et le tout bien long et bien large.

M. GUILLAUME.

Pour tout cela, il vous en faudra... Oui... six aunes...
Voulez-vous que je les coupe en attendant ?

M. PATELIN.

En attendant... Non, monsieur, non, l'argent à la main,
s'il vous plaît, l'argent à la main : c'est ma méthode.

M. GUILLAUME.

Elle est fort bonne... (A part.) Voici un homme très-
exact.

M. PATELIN.

Vous souvient-il, monsieur Guillaume, d'un jour que
nous soupâmes ensemble à l'écu de France ?

M. GUILLAUME.

Le jour qu'on fit la fête du village ?

M. PATELIN.

Justement ; nous raisonnâmes, à la fin du repas, sur
les affaires du temps ; que je vous ouis dire de belles
choses !

M. GUILLAUME.

Vous vous en souvenez ?

M. PATELIN.

Si je m'en souviens? Vous prédites dès lors tout ce que nous avons vu depuis dans Nostradamus!

M. GUILLAUME.

Je vois les choses de loin!

M. PATELIN.

Combien, monsieur Guillaume, me ferez-vous payer de l'aune de ce drap?

M. GUILLAUME, regardant la marque.

Voyons... Un autre en payerait, ma foi! six écus; mais allons... je vous le baillerai à cinq écus.

M. PATELIN.

Le juif! (A M. Guillaume.) Cela est trop honnête! Six fois cinq écus, ce sera justement... -

M. GUILLAUME, l'interrompant.

Trente écus.

M. PATELIN.

Oui, trente écus : le compte est bon... Parbleu! pour renouveler connaissance, il faut que nous mangions demain à dîner une oie, dont un plaideur m'a fait présent.

M. GUILLAUME.

Une oie; je les aime fort!

M. PATELIN.

Tant mieux. Touchez là; à demain à dîner. Ma femme les apprête à miracle!... Par ma foi! il me tarde qu'elle me voie sur le corps un habit de ce drap. Croyez-vous qu'en le prenant demain matin il soit fait à dîner?

M. GUILLAUME.

Si vous ne donnez du temps au tailleur, il vous le gâtera.

M. PATELIN.

Ce serait grand dommage!

M. GUILLAUME.

Faites mieux. Vous avez, dites-vous, l'argent tout prêt?

M. PATELIN.

Sans cela je n'y songerais pas.

M. GUILLAUME.

Je vais vous le faire porter chez vous par un de mes garçons. Il me souvient qu'il y en a là de coupé justement ce qu'il vous en faut.

M. PATELIN, prenant le drap.

Cela est heureux.

M. GUILLAUME.

Attendez. Il faut auparavant que je l'aune en votre présence.

M. PATELIN.

Bon ! est-ce que je ne me fie pas à vous ?

M. GUILLAUME.

Donnez, donnez ; je vais le faire porter, et vous m'enverrez par le retour....

M. PATELIN, l'interrompant.

Le retour... Non, non ; ne détournez pas vos gens : je n'ai que deux pas à faire d'ici chez moi... Comme vous dites, le tailleur aura plus de temps.

M. GUILLAUME.

Laissez-moi vous donner un garçon qui me rapportera l'argent.

M. PATELIN.

Eh ! point, point. Je ne suis pas glorieux : il est presque nuit ; et, sous ma robe, on prendra ceci pour un sac de procès.

M. GUILLAUME.

Mais, monsieur, je vais toujours vous donner un garçon pour me...

M. PATELIN, l'interrompant.

Eh ! point de façon, vous dis-je... A cinq heures précises trois cent trente écus, et l'oie à dîner... Oh ! çà, il se fait tard ; adieu, mon cher voisin, serviteur... Eh ! serviteur.

M. GUILLAUME.

Serviteur, monsieur, serviteur.

M. Patelin rentre chez lui.

SCÈNE VII

MONSIEUR GUILLAUME, seul.

Il s'en va, parbleu ! avec mon drap ; mais il n'y a pas loin d'ici à cinq heures du matin. Je dîne demain chez lui, et il me payera, il me payera... Voilà, parbleu ! un des plus honnêtes et des plus consciencieux avocats que j'aie vu de ma vie ! J'ai quelque regret de lui avoir vendu ce drap un peu trop cher, puisqu'il veut bien me payer trois cents écus, sur lesquels je ne comptais point ; car je né sais d'où diable peut venir cette dette ?... Mais, à la bonne heure... Oh ! çà, il se fait nuit, et voilà, je pense, tout ce que je gagnerai aujourd'hui... (Appelant.) Holà ! holà ! qu'on enferme tout cela là-dedans... Mais voici, je crois, ce coquin d'Agnelet qui m'a volé mes moutons ?

SCÈNE VIII

AGNELET, MONSIEUR GUILLAUME.

M. GUILLAUME.

Ah ! ah ! voleur... Je puis bien faire ici de bonnes affaires ; ce scélérat m'emporte tout le profit.

AGNELET.

Bon vêpre, monsieur, et bonne nuit.

M. GUILLAUME.

Tu oses encore te présenter devant moi ?

AGNELET.

C'est, ne vous déplaise, mon bon maître, qu'un monsieur m'a baillé certain papier, qui parle, dit-on, de moutons, de juge, et d'ajournerie.

M. GUILLAUME.

Tu fais le benêt ; mais je t'assure que tu ne tueras jamais plus mouton, qu'il ne t'en souvienne !

AGNELET.

Eh! mon doux maître, ne croyez pas les médisants!

M. GUILLAUME.

Les médisants, coquin! ne t'ai-je pas trouvé de nuit tuant un mouton?

AGNELET.

Par cette âme, c'était pour l'empêcher de mourir!

M. GUILLAUME.

Le tuer, pour l'empêcher de mourir!

AGNELET.

Oui, de la clavelée, à cause, ne vous déplaise, que quand ils mouriont de vilain mal, il faut les jeter; et on les tue avant qu'ils mouriont.

M. GUILLAUME.

Qu'ils mouriont! le traître! des moutons dont la laine me fait des draps d'Angleterre, que je vends cinq écus l'aune... Ote-toi d'ici, scélérat! six-vingts moutons en un mois!

AGNELET.

Ils gâtaient les autres, par ma fi!

M. GUILLAUME.

Nous verrons cela demain devant monsieur le juge.

AGNELET.

Eh! mon doux maître, contentez-vous de m'avoir assommé, comme vous voyez; et accordons ensemble, si c'est votre bon plaisir.

M. GUILLAUME.

Mon bon plaisir est de te faire pendre, entends-tu?

AGNELET.

Le ciel vous donne joie!

M. Guillaume rentre chez lui.

SCÈNE IX

AGNELET, seul.

Il faut donc que j'aille trouver un avocat pour dé-
fendre mon bon droit.

SCÈNE X

VALÈRE, HENRIETTE, COLETTE, AGNELET.

HENRIETTE, à Valère.

Laissez-moi, Valère ; mon père et ma mère me sui-
vent. Nous allons souper chez ma tante : ils m'ont dit
de m'avancer ; retirez-vous.

AGNELET, à Valère.

Voulez-vous, monsieur, que j'éteigne la lumière ?

VALÈRE.

Non, tu me priverais du plaisir de la voir... (A Henriette.)
Belle Henriette, souffrez, je vous prie...

HENRIETTE, l'interrompant.

Non, Valère, je tremble...

VALÈRE.

Craignez-vous une personne qui vous adore ?

HENRIETTE.

Vous êtes la personne du monde que je crains le plus,
et vous savez pourquoi ?... (A Colette.) Ne me quittez pas,
Colette.

Agnelet tire Colette par le bras.

COLETTE.

C'est cet invalide qui me tire par le bras.

HENRIETTE, à Valère.

Si vous m'aimez, Valère, ne songez à moi, je vous prie,

que lorsque vous serez assuré du consentement de monsieur votre père.

COLETTE.

C'est à quoi, Agnelet et moi, nous avons fait dessein de nous employer.

AGNELET.

J'ai déjà imaginé un moyen honnête qui réussira, si Dieu plaît, quand je serai hors de procès.

VALÈRE.

Quoi qu'il arrive, je te garantirai du tout.

HENRIETTE, apercevant M. Patelin.

Voici mon père ; fuyons tous.

Elle s'en va avec Valère, Colette et Aguelet.

SCÈNE XI

MONSIEUR PATELIN, MADAME PATELIN.

M. PATELIN.

Eh ! bien, ma femme, ce drap est-il bien choisi ?

MADAME PATELIN.

Oui ; mais avec quoi le payer ? Tu l'as promis à demain matin ; ce monsieur Guillaume est un arabe, qui viendra ici faire le diable à quatre !

M. PATELIN.

Lorsqu'il viendra, songe seulement à faire ce que je t'ai dit, et à me bien seconder.

MADAME PATELIN.

Il faut, malgré moi, que j'aide à t'en sortir ; mais tu devrais rougir de honte de ce que tu m'as proposé de faire, et ce n'est point du tout agir en honnête homme.

M. PATELIN.

Eh ! mon Dieu, ma femme, en honnête homme !... Il n'est rien de plus aisé, quand on est riche, d'être honnête homme : c'est quand on est pauvre, qu'il est difficile de l'être... Mais laissons tout cela, allons souper chez

ta sœur, et, dès que nous serons de retour, faisons ce soir même couper cet habit, de peur d'accident.

MADAME PATELIN.

Allons ; mais je crains bien que demain matin il n'arrive ici quelque désordre.

FIN DU PREMIER ACTE

ACTE DEUXIÈME

—

SCÈNE PREMIÈRE

MONSIEUR GUILLAUME, seul sur la scène.
MONSIEUR PATELIN, dans sa maison.

M. GUILLAUME, à part.

Il est du devoir d'un homme bien réglé de récapituler
le matin ce qu'il s'est proposé de faire dans sa journée ;
voyons un peu. Premièrement je dois recevoir à cinq heures trois cents écus de monsieur Patelin, pour une dette
de feu son père ; plus trente écus pour six aunes de drap
qu'il prit hier ici ; item, une oie à dîner chez lui, apprê-
tée de la main de sa femme : après cela comparaître à
l'ajournement devant le juge contre Agnelet, pour six-
vingts moutons qu'il m'a volés. Je pense que voilà tout..
(Regardant à sa montre.) Mais ouais ? il y a longtemps que l'heure
est passée, et je ne vois point venir mon homme : allons
le trouver... Non, un homme si exact ne me manquera
pas de parole... Cependant il a mon drap, et je n'ai point
de ses nouvelles... Que faire ?... Faisons semblant de lui
rendre visite, et sachons un peu de quoi il est question...
(Écoutant à la porte de M. Patelin.) Je crois qu'il compte mon
argent... (Flairant à la porte.) Je sens qu'on apprête l'oie...
Frappons.

Il frappe.

M. PATELIN, dans sa maison.

Ma fem...me.

M. GUILLAUME, à part.

C'est lui-même.

M. PATELIN, dans la maison.

Ouvrez la porte... voilà l'apothicaire.

M. GUILLAUME, à part.

L'apothicaire!

M. PATELIN, dans la maison.

Qui m'apporte l'émétique, l'éméti...i...que.

M. GUILLAUME, à part.

L'émétique !... C'est quelqu'un qui est malade chez lui, et je puis n'avoir pas bien reconnu sa voix à travers la porte. Frappons encore plus fort.

Il frappe.

M. PATELIN, dans la maison.

Caro. .o. .gne! ma...a...sque! ouvriras-tu...u...

SCÈNE II

MADAME PATELIN, MONSIEUR GUILLAUME.

MADAME PATELIN, à voix basse.

Ah! c'est vous, monsieur Guillaume?

M. GUILLAUME.

Oui, c'est moi; vous êtes, sans doute, madame Patelin?

MADAME PATELIN.

A vous servir... Pardon, monsieur, je n'ose parler haut.

M. GUILLAUME.

Oh ! parlez comme il vous plaira ; je viens voir monsieur Patelin.

MADAME PATELIN.

Parlez plus bas, monsieur, s'il vous plaît.

M. GUILLAUME.

Eh ! pourquoi bas? Je viens, vous dis-je, lui rendre visite.

MADAME PATELIN.

Encore plus bas, je vous prie.

M. GUILLAUME.

Si bas qu'il vous plaira ; mais il faut que je le voie.

MADAME PATELIN.

Hélas ! le pauvre homme, il est bien en état d'être vu !

M. GUILLAUME.

Comment ! que lui serait-il arrivé depuis hier ?

MADAME PATELIN.

Depuis hier ? Hélas ! monsieur Guillaume, il y a huit jours qu'il n'a bougé du lit.

M. GUILLAUME.

Du lit ? Il vint pourtant hier chez moi.

MADAME PATELIN.

Lui ! chez vous ?

M. GUILLAUME.

Lui, chez moi ; et il était même fort gaillard, et fort dispos.

MADAME PATELIN.

Ah ! monsieur, il faut, sans doute, que cette nuit vous ayez rêvé cela.

M. GUILLAUME.

Ah ! parbleu, ceci n'est pas mauvais, rêvé ! Et mes six aunes de drap qu'il emporta, l'ai-je rêvé ?

MADAME PATELIN.

Six aunes de drap ?

M. GUILLAUME.

Oui, six aunes de drap, couleur de marron ; et l'oie que nous devons manger à dîner ? Eh ! l'ai-je rêvé ?

MADAME PATELIN.

Que vous prenez mal votre temps pour rire !

M. GUILLAUME.

Pour rire ! ventrebleu ! je ne ris point, et n'en ai nulle envie. Je vous soutiens qu'il emporta hier sous sa robe, six aunes de drap.

MADAME PATELIN.

Hélas ! le pauvre homme, plût au ciel qu'il fût en état

de l'avoir fait!... Ah! monsieur Guillaume, il eut tout hier
un transport au cerveau, qui le jeta dans la rêverie, où je
crois qu'il est encore.

M. GUILLAUME.

Oh! par la tête-bleu! vous rêvez vous-même, et je veux
absolument lui parler.

MADAME PATELIN.

Oh! pour cela, en l'état où il est, il n'est pas possible;
nous l'avons mis là sur un fauteuil auprès de la porte,
pour faire son lit; si vous le voyiez, il vous ferait pitié.

M. GUILLAUME.

Bon, bon, pitié!... (Voulant entrer chez M. Patelin.) En
quelque état qu'il soit, je prétends le voir, ou...

MADAME PATELIN, l'interrompant et l'empêchant d'ouvrir la porte.

Ah! n'ouvrez pas cette porte! vous allez tuer mon mari!
Il lui prend, de temps en temps, des envies de courir!...
(Voyant paraître M. Patelin, qui accourt la tête enveloppée de chiffons.) Ah!
le voilà parti...

SCÈNE III

MONSIEUR PATELIN, MADAME PATELIN,
MONSIEUR GUILLAUME.

MADAME PATELIN, à M. Guillaume.

Je vous l'avais bien dit.,. Aidez-moi à le reprendre...
(A M. Patelin.) Mon pauvre mari, repose-toi là.
Elle arrête M. Patelin, et elle va chercher un fauteuil à l'entrée de
sa maison, pour le faire asseoir.

M. PATELIN, assis, et criant.

Aïe, aïe, la tête!

M. GUILLAUME, à part.

En effet, voilà un homme en un piteux état!... Il me
semble pourtant que c'est le même d'hier, ou peu s'en
faut... Voyons de plus près... (A M. Patelin.) Monsieur
Patelin, je suis votre serviteur.

M. PATELIN.

Ah! bonjour, monsieur Anodin.

M. GUILLAUME.

Monsieur Anodin!

MADAME PATELIN.

Il vous prend pour l'apothicaire : allez-vous-en.

M. GUILLAUME.

Je n'en ferai rien... (A M. Patelin.) Monsieur, vous vous souvenez bien qu'hier...

M. PATELIN, l'interrompant.

Oui, je vous ai fait garder...

M. GUILLAUME, à part.

Bon! il s'en souvient.

M. PATELIN.

Un grand verre plein de mon urine.

M. GUILLAUME.

Je n'ai que faire d'urine.

M. PATELIN, à madame Patelin.

Ma femme, fais-la voir à monsieur Anodin : il verra si j'ai quelque embarras dans les urétaires.

M. GUILLAUME.

Bon, bon, urétaires!... Monsieur, je veux être payé.

M. PATELIN.

Si vous pouviez un peu éclaircir mes matières ; elles sont dures comme du fer, et noires comme votre barbe.

M. GUILLAUME.

Ta, ta, ta, voilà me payer en belle monnaie!

MADAME PATELIN.

Eh! monsieur, sortez d'ici.

M. GUILLAUME.

Bagatelles! (A M. Patelin.) Voulez-vous me compter de l'argent? Je veux être payé.

M. PATELIN.

Ne me donnez plus de ces vilaines pilules ; elles ont failli à me faire rendre l'âme.

M. GUILLAUME.

Je voudrais qu'elles t'eussent fait rendre mon drap !

M. PATELIN, à madame Patelin.

Ma femme, chasse, chasse ces papillons noirs qui volent autour de moi... Comme ils montent !

M. GUILLAUME, à madame Patelin.

Je n'en vois point.

MADAME PATELIN.

Eh ! ne voyez-vous pas qu'il rêve ? Allez-vous-en.

M. GUILLAUME.

Tarare ! je veux de l'argent.

M. PATELIN

Les médecins m'ont tué avec leurs drogues.

M. GUILLAUME, à madame Patelin.

Il ne rêve pas à présent... Il faut que je lui parle.. (A M. Patelin.) Monsieur Patelin ?

M. PATELIN.

Je plaide, messieurs, pour Homère.

M. GUILLAUME.

Pour Homère !

M. PATELIN.

Contre la nymphe Calypso.

M. GUILLAUME.

Calypso !... Que diable est ceci ?

MADAME PATELIN.

Il rêve, vous dis-je. Allez-vous-en : sortez, je vous prie !

M. GUILLAUME.

A d'autres !

M. PATELIN.

Les prêtres de Jupiter... les Coribantes... Il l'a pris, il l'emporte... Au chat ! au chat !... Adieu, mon lard !

M. GUILLAUME.

Oh ! çà, quand vous aurez assez rêvé, me payerez-vous, au moins, mes trente écus ?

M. PATELIN.

Sa grotte ne retentissait plus du doux chant de sa voix...

M. GUILLAUME, à part.

Ouais! aurais-je pris quelque autre pour lui?

MADAME PATELIN.

Eh! monsieur, laissez en repos ce pauvre homme.

M. GUILLAUME.

Attendez : il aura peut-être quelque intervalle... Il me regarde, comme s'il voulait me parler.

M. PATELIN.

Ah! monsieur Guillaume!

M. GUILLAUME, à madame Patelin.

Oh! il me reconnaît... (A M. Patelin.) Eh bien?

M. PATELIN.

Je vous demande pardon.

M. GUILLAUME, à madame Patelin.

Vous voyez, s'il s'en souvient?

M. PATELIN, à M. Guillaume.

Si, depuis quinze jours que je suis dans ce village, je ne vous suis pas allé voir...

M. GUILLAUME.

Morbleu! ce n'est pas là mon compte. Cependant hier...

M. PATELIN.

Oui, hier, pour vous aller faire mes excuses, je vous envoyai un procureur de mes amis.

M. GUILLAUME, à part.

Ventrebleu! celui-là aura eu mon drap. Un procureur! je ne le verrai de ma vie... (A M. Patelin.) Mais c'est une invention, et nul autre que vous n'a eu mon drap, à telles enseignes...

MADAME PATELIN, l'interrompant.

Eh! monsieur, si vous lui parlez d'affaires, vous l'allez tuer!

2

M. GUILLAUME.

A la bonne heure... (A M. Patelin.) A telles enseignes qu'
feu votre père devait au mien trois cents écus. Ventrebleu ! je ne m'en irai point d'ici sans drap ou sans argent.

M PATELIN, se levant.

La cour remarquera, s'il lui plaît, que la pyrrhique était
une certaine danse, ta ral, la, la, la... (Prenant M. Guillaume
et le faisant danser.) Dansons tous, dansons tous... Ma commère quand je danse...

M. GUILLAUME.

Oh ! je n'en puis plus ; mais je veux de l'argent.

M. PATELIN, à part.

Oh ! je te ferai bien décamper... (A madame Patelin.) Ma
femme, ma femme, j'entends des voleurs qui ouvrent notre porte : ne les entends-tu pas ? Écoutons. Paix, paix ;
écoutons... Oui... les voilà... je les vois... Ah ! coquins,
je vous chasserai bien d'ici... Ma hallebarde, ma halle-
barde... (Il va prendre une hallebarde à l'entrée de sa maison, et revient.)
Au voleur, au voleur !

M. GUILLAUME, à part.

Tudieu ! il ne fait pas bon ici... Morbleu ! tout le monde
me vole ; l'un mon drap, l'autre mes moutons ; mais, en
attendant que je tire raison de celui-là, allons songer à
faire pendre l'autre.

Il s'en va.

SCÈNE IV

MONSIEUR PATELIN, MADAME PATELIN.

MADAME PATELIN.

Bon ! le voilà parti : je me retire ; mais demeure encore là un moment, en cas qu'il revînt.

M. PATELIN, croyant voir revenir M. Guillaume

Le voici... Au voleur !... C'est monsieur Bartolin... Il
m'a vu.

Madame Patelin sort.

SCÈNE V

MONSIEUR BARTOLIN, MONSIEUR PATELIN.

M. BARTOLIN.

Qui crie au voleur ? Quel bruit fait-on à ma porte ? Quel désordre est ceci ?... Ah ! ah ! c'est vous, mon compère !

M PATELIN.

Oui, c'est moi qui...

M. BARTOLIN.

En cet équipage !

M. PATELIN.

C'est que... j'ai cru...

M. BARTOLIN.

Un avocat sous les armes !

M. PATELIN.

J'ai cru entendre des...

M. BARTOLIN.

Militant causarum patroni.

M. PATELIN.

C'est que, vous dis-je, j'ai cru entendre des voleurs qui crochetaient ma porte

M. BARTOLIN.

Crocheter une porte, *coram judice.*

M. PATELIN

Je croyais, vous dis-je, qu'il y eût des voleurs.

M. BARTOLIN.

Il en faut faire informer...

M. PATELIN, l'interrompant.

Mais il n'y en avait point.

M. BARTOLIN, sans l'écouter.

Faire ouïr des témoins...

M. PATELIN, l'interrompant.

Et contre qui ?

M. BARTOLIN, sans l'écouter.

Et les faire pendre...

M. PATELIN, l'interrompant.

Et qui pendre ?

M. BARTOLIN, sans l'écouter.

Point de quartier aux voleurs !

M. PATELIN.

Je vous dis encore une fois qu'il n'y en avait point, et que je me suis trompé.

M. BARTOLIN.

Ah ! ah ! cela étant ainsi, *cedant arma togæ*. Allez quitter cette hallebarde, et prendre votre robe, pour venir à l'audience que je donnerai ici dans une heure.

Il s'en va.

SCÈNE VI

MONSIEUR PATELIN, seul.

C'est aussi ce que je vais faire... Je dois plaider pour certain berger, dont Colette m'a parlé... Je pense que le voici... Allons quitter cet équipage, et revenons promptement.

Il rentre chez lui.

SCÈNE VII

COLETTE, AGNELET.

COLETTE.

Tu as besoin d'un avocat subtil et rusé qui invente quelque fourberie pour te tirer d'affaire ; il n'y a dans tout le village que monsieur Patelin qui en soit capable.

AGNELET.

J'en fîmes l'expérience feu mon frère et moi, il y a quelque temps ; mais je ne sais comment faire, car j'oubliai de le payer.

COLETTE.

Il ne s'en souviendra peut-être pas. Au moins, ne lui dis pas que tu sers monsieur Guillaume ; il ne voudrait peut-être pas plaider contre lui.

AGNELET.

Je ne lui parlerai que de mon maître, sans le nommer, et il croira que je sers toujours ce fermier avec qui je demeurais quand je te fiançai.

COLETTE, voyant venir M. Patelin.

Voilà ton avocat, adieu.

Elle rentre chez M. Patelin.

SCÈNE VIII

MONSIEUR PATELIN, AGNELET.

M. PATELIN, à part.

Ah ! ah ! je connais ce drôle-ci... (A Agnelet.) N'est-ce pas toi qui a fiancé ma servante Colette ?

AGNELET.

Oui, monsieur, oui.

M. PATELIN.

Vous étiez deux frères, que je garantis des galères : l'un de vous deux ne me paya point.

AGNELET.

C'était mon frère.

M. PATELIN.

Vous fûtes malade au sortir de prison, et l'un de vous deux mourut.

AGNELET.

Ce ne fut pas moi.

2.

M. PATELIN.

Je le vois bien.

AGNELET.

Je fus pourtant plus malade que mon frère. Enfin je viens vous prier de plaider pour moi, contre mon maître.

M. PATELIN.

Ton maître, est-ce ce fermier d'ici près ?

AGNELET.

Il ne demeure pas loin d'ici, et je vous payerai bien.

M. PATELIN.

Je le prétends bien ainsi. Oh ! çà, raconte-moi ton affaire, sans me rien déguiser.

AGNELET.

Vous saurez donc que mon bon maître me paie petitement mes gages ; et que, pour m'indommager, sans lui faire tort, je fais quelque petit négoce avec un boucher, homme de bien.

M. PATELIN.

Quel négoce fais-tu ?

AGNELET.

Sauf votre grâce, j'empêche les moutons de mourir de la clavelée.

M. PATELIN.

Il n'y a point là de mal. Et que fais-tu pour cela ?

AGNELET.

Ne vous déplaise, je les tue quand ils ont envie de mourir.

M. PATELIN.

Le remède est sûr ; mais ne les tues-tu pas exprès, pour faire croire à ton maître qu'ils sont morts de ce mal, et qu'il les faut jeter à la voirie, afin de les vendre, et de garder l'argent pour toi ?

AGNELET.

C'est ce que dit mon doux maître, à cause que l'autre nuit... quand j'eus enfermé le troupeau... il vit que je pris... un... dirai-je tout ?

M. PATELIN.

Oui, si tu veux que je plaide pour toi.

AGNELET.

L'autre nuit donc, il vit que je pris un gros mouton, qui se portait bien. Ma fi ! sans y penser, ne sachant que faire... je lui mis tout doucement mon couteau auprès de la gorge, tant y a, que je ne sais comment cela se fit; mais il mourut d'abord.

M. PATELIN.

J'entends... Quelqu'un te vit-il faire ?

AGNELET.

Mon maître était caché dans la bergerie. Il me dit que j'en avais fait autant de six-vingts moutons, qui lui manquaient... Or, vous saurez que c'est un homme qui dit toujours la vérité. Il me battit, comme vous voyez ; et je vais me faire trépaner. Or, je vous prie comme vous êtes avocat, de faire en sorte qu'il ait tort et que j'aie raison, afin qu'il ne m'en coûte rien.

M. PATELIN.

Je comprends ton affaire. Il y a deux voies à prendre; par la première, il ne t'en coûtera pas un sol.

AGNELET.

Prenons celle-là, je vous prie.

M. PATELIN.

Soit. Tout ton bien est en argent ?

AGNELET.

Ma fi ! oui.

M. PATELIN.

Il te le faut bien cacher.

AGNELET.

Aussi ferai-je.

M. PATELIN.

Ton maître sera contraint de payer tous les dépens.

AGNELET.

Tant mieux.

M. PATELIN.

Et sans qu'il t'en coûte denier, ni maille.

AGNELET.

C'est ce que je demande.

M. PATELIN.

Il sera obligé, s'il veut, de te faire pendre.

AGNELET.

Prenons l'autre, s'il vous plaît.

M. PATELIN.

Le voici, on va te faire venir devant le juge.

AGNELET.

Il est vrai.

M. PATELIN.

Souviens-toi bien de ceci.

AGNELET.

J'ai bonne souvenance.

M. PATELIN.

A toutes interrogations qu'on te fera, soit le juge, soit l'avocat de ton maître, soit moi-même, ne réponds autre chose que ce que tu entends dire tous les jours à tes bêtes à laine. Tu sauras bien parler leur langage, et faire le mouton ?

AGNELET.

Cela n'est pas bien difficile.

M. PATELIN.

Les coups que tu as à la tête me font aviser d'une adresse qui pourra te garantir ; mais je prétends ensuite être bien payé.

AGNELET.

Aussi serez-vous, par cette âme !

M. PATELIN.

Monsieur Bartolin va tout à l'heure donner audience ; ne manque point de revenir ici : tu m'y trouveras, Adieu... N'oublie pas de porter de l'argent.

AGNELET.

Serviteur... Que les gens de bien ont de peine à vivre !

FIN DU SECOND ACTE

ACTE TROISIÈME

—

SCÈNE PREMIÈRE

MONSIEUR BARTOLIN, MONSIEUR PATELIN, AGNELET.

M. BARTOLIN, à M. Patelin.

Or sus, les parties peuvent comparaître.

M. PATELIN, bas à Agnelet.

Quand on t'interrogera ne réponds que de la manière que je t'ai dit.

M. BARTOLIN, à M. Patelin.

Quel homme est-ce là ?

M. PATELIN.

Un berger qui a été battu par son maître, et qui au sortir d'ici va se faire trépaner.

M. BARTOLIN.

Il faut attendre l'adverse partie, son procureur, ou son avocat... Mais que nous veut monsieur Guillaume ?

SCÈNE II

MONSIEUR GUILLAUME, MONSIEUR BARTOLIN, MONSIEUR PATELIN, AGNELET.

M. GUILLAUME, à M. Bartolin.

Je viens plaider moi-même mon affaire.

M. PATELIN, bas, à Agnelet.

Ah! traître! c'est contre monsieur Guillaume.

AGNELET.

Oui, c'est mon bon maître.

M. PATELIN, à part.

Tâchons de nous tirer d'ici.

M. GUILLAUME.

Ouais! quel homme est-ce là?

M. PATELIN.

Monsieur, je ne plaide que contre un avocat.

M. GUILLAUME.

Je n'ai pas besoin d'avocat... (A part.) Il a quelque chose de son air.

M. PATELIN.

Je me retire donc.

M. BARTOLIN.

Demeurez, et plaidez.

M. PATELIN.

Mais, monsieur...

M. BARTOLIN.

Demeurez, vous dis-je. Je veux, au moins, avoir un avocat à mon audience. Si vous sortez, je vous raye de la matricule.

M. PATELIN, à part, se cachant la figure avec son mouchoir.

Cachons-nous du mieux que nous pourrons.

M. BARTOLIN, à M. Guillaume.

Monsieur Guillaume, vous êtes le demandeur; parlez.

M. GUILLAUME.

Vous saurez, monsieur, que ce maraud-là...

M. BARTOLIN, l'interrompant.

Point d'injures.

M. GUILLAUME.

Eh! bien, que ce voleur...

M. BARTOLIN, l'interrompant.

Appelez-le par son nom, ou celui de sa profession.

M. GUILLAUME.

. Tant y a, vous dis-je, monsieur, que ce scélérat de berger m'a volé six-vingts moutons.

M. PATELIN.

Cela n'est point prouvé.

M. BARTOLIN.

Qu'avez-vous, avocat?

M. PATELIN.

Un grand mal aux dents.

M. BARTOLIN.

Tant pis; continuez.

M. GUILLAUME, à part.

Parbleu! cet avocat ressemble un peu à celui de mes six aunes de drap.

M. BARTOLIN.

Quelle preuve avez-vous de ce vol?

M. GUILLAUME.

Quelle preuve! je lui vendis hier... je lui ai baillé en garde six aunes... six cents moutons, et je n'en trouve à mon troupeau que quatre cent quatre-vingts.

M. PATELIN.

Je nie ce fait.

M. GUILLAUME, à part.

Ma foi! si je ne venais de voir l'autre dans la rêverie, je croirais que voilà mon homme.

M. BARTOLIN.

Laissez là votre homme, et prouvez le fait.

M. GUILLAUME.

Je le prouve par mon drap... je veux dire par mon livre de compte. Que sont devenus les six aunes... les six-vingts moutons qui manquent à mon troupeau?

M. PATELIN.

Ils sont morts de la clavelée.

M. GUILLAUME.

Tête-bleu ! je crois que c'est lui-même.

M. BARTOLIN.

On ne nie pas que ce ne soit lui-même. *Non est quæstio de persona.* On vous dit que vos moutons sont morts de la clavelée. Que répondez-vous à cela ?

M. GUILLAUME.

Je réponds, sauf votre respect, que cela est faux ; qu'il emporta sous... qu'il les a tués pour les vendre, et qu'hier moi-même... (A part.) Oh ! c'est lui... (A M. Bartolin.) Oui, je lui vendis six... six... je le trouvai sur le fait, tuant de nuit un mouton.

M. PATELIN, à M. Bartolin.

Pure invention, monsieur, pour s'excuser des coups qu'il a donnés à ce pauvre berger, qui au sortir d'ici, comme je vous ai dit, va se faire trépaner.

M. GUILLAUME, à M. Bartolin.

Parbleu ! monsieur le juge, il n'est rien de plus véritable ; c'est lui-même. Oui, il emporta hier de chez moi six aunes de drap, et ce matin au lieu de me payer trente écus...

M. BARTOLIN.

Que diantre font ici six aunes de drap, et trente écus ? Il est, ce me semble, question de moutons volés ?

M. GUILLAUME.

Il est vrai, monsieur : c'est une autre affaire ; mais nous y viendrons après. Je ne me trompe pourtant point ? vous saurez donc que je m'étais caché dans la bergerie... (A part.) Oh ! c'est lui très-assurément... (A M. Bartolin.) Je m'étais donc caché dans la bergerie ; je vis venir ce drôle : il s'assit là. Il prit un gros mouton .. et... et avec de belles paroles, il fit si bien, qu'il emporta six aunes.

M. BARTOLIN.

Six aunes de mouton ?

M. GUILLAUME.

Non, de drap, lui... Maugrebleu de l'homme !

M. BARTOLIN.

Laissez là ce drap et cet homme, et revenez à vos moutons.

M. GUILLAUME.

J'y reviens. Ce drôle donc, ayant tiré de sa poche son couteau... je veux dire mon drap... non, je dis bien, son couteau... il... il... il... il... le mit comme ceci sous sa robe, et l'emporta chez lui, et ce matin, au lieu de me payer mes trente écus, il me nie drap et argent.

M. PATELIN, riant.

Ah, ah, ah !

M. BARTOLIN.

A vos moutons, vous dis-je, à vos moutons.

M. PATELIN, riant.

Ah, ah, ah !

M. BARTOLIN, à M. Guillaume.

Ouais ! vous êtes hors de sens, monsieur Guillaume ; rêvez-vous ?

M. PATELIN.

Vous voyez, monsieur, qu'il ne sait ce qu'il dit.

M. GUILLAUME.

Je le sais fort bien, monsieur. Il m'a volé six-vingts moutons, et ce matin, au lieu de me payer trente écus pour six aunes de drap, couleur de marron, il m'a payé de papillons noirs, la Nymphe Calipot, tara! la, ma commère, quand je danse. Que diable sais-je encore ce qu'il est allé chercher?

M. PATELIN, riant.

Ah, ah, ah ! Il est fou, il est fou !

M. BARTOLIN, à M. Guillaume.

En effet... Tenez, monsieur Guillaume, toutes les cours du royaume ensemble ne comprendront rien à votre affaire. Vous accusez ce berger de vous avoir volé six-vingts moutons; et vous entrelardez là-dedans, six aunes de drap, trente écus, des papillons noirs, et mille autres balivernes. Eh! encore une fois, revenez à vos moutons, ou je vais relaxer ce berger... Mais j'aurai plus tôt fait de l'interroger moi-même... (A Agnelet.) Approche-toi. Comment t'appelles-tu ?

AGNELET.

Bée...

3

M. GUILLAUME, à M. Bartolin.

Il ment ; il s'appelle Agnelet.

M. BARTOLIN.

Agnelet ou bée, n'importe... (A Agnelet.) Dis-moi, est-il vrai que monsieur t'avait baillé en garde six-vingts moutons ?

AGNELET.

Bée...

M. BARTOLIN.

Ouais ! la crainte de la justice te trouble peut-être... Ecoute, ne t'effraie point... monsieur Guillaume t'a-t-il trouvé de nuit tuant un mouton ?

AGNELET.

Bée...

M. BARTOLIN.

Oh ! oh ! que veut dire ceci ?

M. PATELIN.

Les coups qu'il lui a donnés sur la tête lui ont troublé la cervelle.

M. BARTOLIN, à M. Guillaume.

Vous avez grand tort, monsieur Guillaume.

M. GUILLAUME.

Moi, tort ? L'un me vole mon drap, l'autre mes moutons : l'un me paie de chansons, l'autre de bée... et encore, morbleu ! j'aurai tort ?

M. BARTOLIN.

Oui, tort : il ne faut jamais frapper, surtout à la tête.

M. GUILLAUME.

Oh ! ventrebleu ! il était nuit, et quand je frappe, je frappe partout.

M. PATELIN, à M. Bartolin.

Il avoue le fait, monsieur, *Habemus confitentem reum.*

M. GUILLAUME.

Oh ! va, va, *confitareum,* tu me paieras mes six aunes de drap, ou le diable t'emportera !

M. BARTOLIN.

Encore du drap ? On se moque ici de la justice... Hors de cour et de procès, sans dépens !

M. GUILLAUME.

J'en appelle... (A M. Patelin.) Et pour vous, monsieur le fourbe, nous nous reverrons !

Il s'en va.

SCÈNE III

MONSIEUR BARTOLIN, MONSIEUR PATELIN, AGNELET.

M. PATELIN, à Agnelet.

Remercie monsieur le juge.

AGNELET.

Bée... bée...

M. BARTOLIN.

En voilà assez. Va vite te faire trépaner, pauvre malheureux !

Il s'en va.

SCÈNE IV

MONSIEUR PATELIN, AGNELET.

M. PATELIN.

Oh! çà, par mon adresse, je t'ai tiré d'une affaire où il y avait de quoi te faire pendre : c'est à toi maintenant à me bien payer, comme tu m'as promis.

AGNELET.

Bée...

M. PATELIN.

Oui, tu as fort bien joué ton rôle; mais, à présent il me faut de l'argent, entends-tu ?

AGNELET.

Bée...

M. PATELIN.

Eh! laisse là ton bée... Il n'est plus question de cela; il n'y a ici que toi et moi; veux-tu me tenir ce que tu m'as promis, et me bien payer?

AGNELET.

Bée...

M. PATELIN.

Comment, coquin, je serais la dupe d'un mouton vêtu?... Tête-bleu! tu me paieras, ou ...

Agnelet s'enfuit.

SCÈNE V

COLETTE, en deuil; MONSIEUR PATELIN.

COLETTE.

Eh! laissez-le aller, monsieur, il s'agit de bien autre chose!

M. PATELIN.

Comment donc?

COLETTE.

Les coups qu'il fait semblant d'avoir à la tête nous ont fait aviser d'un moyen sûr pour faire consentir monsieur Guillaume au mariage de son fils avec votre fille; ne serez-vous pas bien payé?

M. PATELIN.

Serait-il bien possible?... Mais de qui as-tu pris le deuil?

COLETTE.

Agnelet a dit au juge qu'il s'allait faire trépaner : il est mort dans l'opération; et c'est monsieur Guillaume qui l'a tué.

M. PATELIN.

Ah ! je vois de quoi il est question... Ah ! fort bien, j'entends.

COLETTE.

Secondez-nous bien seulement : je vais demander justice à monsieur le juge.

Elle s'en va.

SCÈNE VI

MONSIEUR PATELIN, seul.

En effet, ce qu'il vient de voir lui fera croire aisément qu'Agnelet est mort, et, par bonheur, monsieur Guillaume s'est accusé lui-même. Il faut avouer que ce berger est un rusé coquin ! il m'a toujours trompé moi-même, moi qui trompe quelquefois les autres ; mais je le lui pardonne, si, par son adresse, je puis marier richement ma fille.

SCÈNE VII

MONSIEUR BARTOLIN, COLETTE, MONSIEUR PATELIN.

M. BARTOLIN, à Colette.

Que me dites-vous là ? le pauvre garçon ! voilà une mort bien prompte !

M. PATELIN.

Tout le village en est déjà informé... Comme les malheurs arrivent dans un moment !

COLETTE, feignant de pleurer.

Hi, hi, hi !

M. PATELIN, à M. Bartolin.

La pauvre fille !... Méchante affaire pour monsieur Guillaume.

M. BARTOLIN, à Colette.

Je vous rendrai justice, ne pleurez pas tant.

COLETTE, feignant de pleurer.

Il était mon fiancé, é, é, é !

M. BARTOLIN.

Consolez-vous donc, il n'était pas encore votre mari.

COLETTE, feignant de pleurer.

Je ne le pleurerais pas tant, s'il avait été mon mari, i, i, i !

M. BARTOLIN.

Il sera puni ; et déjà, sur votre plainte, j'ai donné un secret de prise de corps; on doit me l'amener ici. Je vais cependant, pour la forme, visiter le corps mort. Il est là, dites-vous, chez votre oncle le chirurgien? Je reviens dans un moment.

Il s'en va.

SCÈNE VIII

MONSIEUR PATELIN, COLETTE.

M. PATELIN.

Il va tout découvrir, s'il ne trouve pas le mort?

COLETTE.

Laissez-le aller. Mon oncle est d'intelligence avec nous ; et Agnelet a ajusté dans le lit une certaine tête qui le fera fuir bien vite.

M. PATELIN.

Mais, quelqu'un dans le village rencontrera peut-être Agnelet.

COLETTE.

Il s'est allé cacher dans le grenier à foin d'un de nos voisins, d'où il ne sortira que quand le mariage sera tout à fait conclu.

SCÈNE IX

MONSIEUR BARTOLIN, MONSIEUR PATELIN, COLETTE.

M. BARTOLIN, à M. Patelin.

Non, de ma vie, je n'ai vu tête d'homme comme celle-là ; les coups, ou le trépan l'ont entièrement défigurée : elle n'a pas seulement la figure humaine, et je n'ai pu la voir un moment sans en détourner la vue.

COLETTE, feignant de pleurer.

Ah, ah, ah !

M. PATELIN, à M. Bartolin.

Que je plains le pauvre monsieur Guillaume ! c'était un bon homme ; il y avait plaisir à avoir affaire avec lui.

M. BARTOLIN.

Je le plains aussi ; mais que faire ? Voilà un homme mort, et sa fiancée qui me demande justice ?

M. PATELIN, à Colette.

Colette, que te servira de le faire pendre ? Ne vaudrait-il pas mieux pour toi...

COLETTE, l'interrompant.

Hélas ! monsieur, je ne suis ni intéressée, ni vindicative, et s'il y avait quelque expédient honnête... Vous savez combien j'aime ma maîtresse, votre fille, qui est filleule de monsieur ?

Montrant M. Bartolin.

M. BARTOLIN.

Ma filleule !... Eh bien, quel intérêt a-t-elle à tout ceci ?

COLETTE.

Valère, monsieur, le fils unique de monsieur Guillaume, en est amoureux, et désire de l'épouser. Son père refuse d'y consentir : vous êtes si habiles l'un et l'autre. Voyez s'il n'y aurait pas là quelque expédient, afin que tout le monde fût content.

M. BARTOLIN, à M. Patelin.

Oui, il faut que cette fille se déporte de sa poursuite, à condition que monsieur Guillaume consentira à ce mariage.

COLETTE.

Que cela est bien imaginé !

M. PATELIN, à M. Bartolin.

C'est prendre les voies de la douceur.

M. BARTOLIN.

Avant que de le mettre en prison, on doit me l'amener : il faut que je lui en parle moi-même ; mais y consentez-vous, monsieur Patelin ?

M. PATELIN.

Eh !... je n'avais pas encore fait dessein de marier ma fille... cependant... pour sauver la vie à monsieur Guillaume... allons, allons, j'y donnerai les mains ; et je serais fâché de faire pendre un homme.

M. BARTOLIN.

J'entends qu'on me l'amène... (A Colette.) Vous, allez vite faire enterrer secrètement le mort, afin qu'on ne m'accuse point de prévarication.

Colette s'en va.

SCÈNE X

MONSIEUR BARTOLIN', MONSIEUR PATELIN.

M. PATELIN.

Et moi, pour la forme, je vais faire dresser un mot de contrat, que vous lui ferez signer, s'il vous plaît.

Il s'en va.

SCÈNE XI

MONSIEUR GUILLAUME, DEUX RECORS, MONSIEUR BARTOLIN.

M. BARTOLIN, à M. Guillaume.

Ah ! vous voici? Eh ! bien, vous savez, monsieur Guillaume, pourquoi on vous a arrêté?

M. GUILLAUME.

Oui, ce coquin d'Agnelet dit qu'il est mort.

M. BARTOLIN.

Il l'est véritablement; je viens de le voir moi-même, et vous avez avoué le fait.

M. GUILLAUME.

Peste soit de moi !

M. BARTOLIN.

Oh ! çà, j'ai une chose à vous proposer : il ne tient qu'à vous de sortir d'affaire, et de vous en retourner chez vous en liberté.

M. GUILLAUME.

Il ne tient qu'à moi ? serviteur donc.

M. BARTOLIN.

Oh! attendez : il faut savoir auparavant si vous aimez mieux marier votre fils que d'être pendu?

M. GUILLAUME.

Belle proposition ! je n'aime ni l'un, ni l'autre.

M. BARTOLIN.

Je m'explique : vous avez tué Agnelet, n'est-il pas vrai?

M. GUILLAUME.

Je l'ai battu ; s'il est mort, c'est sa faute.

M. BARTOLIN.

C'est la vôtre, Ecoutez : monsieur Patelin a une fille, belle et sage.

M. GUILLAUME.

Oui, et gueuse comme lui.

M. BARTOLIN.

Votre fils en est amoureux.

M. GUILLAUME.

Eh ! que m'importe ?

M. BARTOLIN.

La fiancée du mort se déporte de sa poursuite, si vous consentez à leur mariage.

M. GUILLAUME.

Je n'y consens point.

M. BARTOLIN, aux recors.

Qu'on le mène en prison.

M. GUILLAUME.

En prison... maugrebleu !... Laissez-moi, au moins, aller dire chez moi qu'on ne m'attende point.

M. BARTOLIN, aux recors.

Ne le laissez pas échapper.

SCÈNE XII

MONSIEUR PATELIN, HENRIETTE, VALÈRE, COLETTE, MONSIEUR BARTOLIN, MONSIEUR GUILLAUME, DEUX RECORS.

M. PATELIN, à M. Bartolin.

Voilà le contrat... (A M. Guillaume.) Monsieur, sur le malheur qui vous est arrivé, toute ma famille vient vous offrir ses services.

M. GUILLAUME, à part.

Que de patelineurs !

M. BARTOLIN.

Allons, voici toutes les parties ; expliquez-vous vite ; voulez-vous sortir d'affaire ?

M. GUILLAUME.

Oui.

M. BARTOLIN, lui présentant le contrat.

Signez ce contrat.

M. GUILLAUME.

Je n'en veux rien faire.

M. BARTOLIN, aux recors.

En prison, et les fers aux pieds.

M. GUILLAUME.

Les fers aux pieds !... Tudieu ! comme vous y allez !

M. BARTOLIN.

Ce n'est encore rien ; je vais, tout à l'heure, vous faire donner la question.

M. GUILLAUME.

Donner la question !

M. BARTOLIN.

Oui, la question ordinaire et extraordinaire ; et, après cela, je ne puis éviter de vous faire pendre.

M. GUILLAUME.

Pendre ! miséricorde !

M. BARTOLIN.

Signez donc. Si vous différez un moment, vous êtes perdu ; je ne pourrai plus vous sauver.

M. GUILLAUME.

Juste ciel ! que faut-il faire ?

Il signe.

M. BARTOLIN.

Je l'ai ouï dire à un fameux médecin : les coups à la tête sont dangereux comme le diable... (Après que M. Guillaume a signé.) Voilà qui est bien. Je vais jeter au feu la procédure ; et je vous en félicite.

M. GUILLAUME.

Oui, j'ai fait aujourd'hui de belles affaires !

M. PATELIN.

L'honneur de votre alliance...

M. GUILLAUME, l'interrompant.

Ne vous coûte guère.

VALÈRE.

Mon père, je vous proteste...

M. GUILLAUME, l'interrompant.

Va-t'en au diable!

HENRIETTE.

Monsieur, je suis fâchée...

M GUILLAUME, l'interrompant.

Et moi aussi.

COLETTE.

Que me donnerez-vous à la place de mon fiancé?

M. GUILLAUME.

Les moutons qu'il m'a volés.

SCÈNE XIII ET DERNIÈRE

UN PAYSAN, AGNELET, MONSIEUR PATELIN, MONSIEUR GUILLAUME, VALÈRE, HENRIETTE, COLETTE, DEUX RECORS.

LE PAYSAN, à Agnelet.

Marche, marche, de par le Roi!

AGNELET.

Miséricorde!

M. GUILLAUME.

Ah! traître! tu n'es pas mort?... Il faut que je t'étrangle; il ne m'en coûtera pas davantage.

M. BARTOLIN.

Attendez... (Au paysan.) D'où sort ce fantôme?

LE PAYSAN.

J'avons trouvé ce voleur dans notre grenier; par quoi je le mène en prison.

M. BARTOLIN, à Agnelet.

Ouais ! tu n'as plus de coups à la tête ?

AGNELET.

Ma fi ! non.

M. BARTOLIN.

Qu'est-ce donc qu'on m'a fait voir dans un lit, chez le chirurgien ?

AGNELET.

C'était une tête de viau, monsieur.

M. GUILLAUME, à M. Patelin.

Allons, puisqu'il n'est pas mort, rendez-moi ce contrat que je le déchire.

M. BARTOLIN.

Cela est juste.

M. PATELIN, à M. Guillaume.

Oui, en me payant un dédit qui contient dix mille écus.

M. GUILLAUME.

Dix mille écus !... Il faut bien, par force, que je laisse la chose comme elle est ; mais vous me paierez les trois cents écus de votre père ?

M. PATELIN.

Oui, en me portant son billet.

M. GUILLAUME.

Son billet ?... Et mes six aunes de drap ?

M. PATELIN.

C'est le présent de noces.

M. GUILLAUME.

De noces ?. . Au moins, je tâterai de l'oie.

M. PATELIN.

Nous l'avons mangée à dîner.

M. GUILLAUME.

A dîner ?... (Montrant Agnelet.) Oh ! ce scélérat paiera pour tous, et sera pendu !

4

VALÈRE.

Mon père, il est temps de l'avouer, il n'a rien fait que par mon ordre.

M. GUILLAUME.

Me voilà bien payé de mon drap et de mes moutons !

FIN DE LA COMÉDIE

CHATILLON-SUR-SEINE. — IMPRIMERIE E. CORNILLAC

www.ingramcontent.com/pod-product-compliance
Lightning Source LLC
LaVergne TN
LVHW022156080426
835511LV00008B/1428